PROGRAMME

DE LA

SAINTE-ALLIANCE

DES

PEUPLES.

LETTRE

A M. ÉMILE DE GIRARDIN

à propos de sa brochure

LA GUERRE.

PARIS,
E. DENTU, LIBRAIRE-ÉDITEUR,
Palais-Royal, galerie d'Orléans, 13.

BRUXELLES ET OSTENDE,
F. CLAASSEN, LIBRAIRE-ÉDITEUR,
Rue de la Madeleine, 88.

1859.

PROGRAMME

DE LA

SAINTE-ALLIANCE

DES PEUPLES.

Bruxelles. — Imprimerie de Cʜ. Lᴇʟᴏɴɢ, rue Royale, 138.

PROGRAMME

DE LA

SAINTE-ALLIANCE

DES

PEUPLES.

LETTRE

A M. ÉMILE DE GIRARDIN

à propos de sa brochure

LA GUERRE.

PARIS,
E. DENTU, LIBRAIRE-ÉDITEUR,
Palais-Royal, galerie d'Orléans, 13.

BRUXELLES ET OSTENDE,
F. CLAASSEN, LIBRAIRE-ÉDITEUR,
Rue de la Madeleine, 88.

1859.

PROGRAMME

DE

LA SAINTE-ALLIANCE

DES PEUPLES.

Dans votre brochure « *la Guerre* », vous avez, avec une logique invincible, avec une clarté et une netteté propres à votre grand talent, analysé la question de la politique de la France à l'égard de l'Italie, question qui préoccupe actuellement l'Europe tout entière. Malheureusement les démonstrations nettes et logiques sont presque toujours au-dessus du niveau de la majorité. Vous, mieux que tout autre, vous avez éprouvé cette vérité. S'il en était autrement, on n'aurait certes pas vu, depuis plus de dix ans, la France s'engager elle-même et entraîner l'Europe avec elle dans la voie de la réaction, réaction misérable, honteuse. Cependant la France ne saurait se plaindre de ne pas avoir été avertie par des démonstrations claires comme le jour, toutes les fois qu'elle allait entrer dans une fausse voie.... Vos efforts se perdaient dans la France comme le son expire dans le vide, et c'est précisément parce que vous vous trouviez constamment dans le vrai, que pas un de vos conseils ne fut suivi.

Mais ce n'est pas la question italienne qui nous engage à vous adresser ces quelques mots. Votre esprit perspicace a su du premier coup poser la question du jour à son véritable point de vue et la débarrasser des étroites considérations de nationalité. C'est de la conclusion à laquelle vous arrivez que nous nous proposons de vous entretenir.

« *Mieux vaut,* » vous écriez-vous, « *une guerre générale conduisant à la paix universelle, qu'une guerre partielle ne sortant jamais de la paix armée que pour y revenir toujours.* » Plus loin vous dites : « *Plus on agrandira le champ de bataille, plus on diminuera le péril.* »

Qui oserait nier la logique et la vérité de ces paroles?

Mais ce qui nous frappe, c'est que, contrairement à vos habitudes, vous vous êtes arrêté à mi-chemin dans vos conclusions, sans indiquer d'une manière précise quel devrait être le but définitif de la « *Sainte-Alliance des peuples* », car « *l'unité européenne* » est un mot trop vague pour préciser ce but; et « *l'extension du territoire pour la France, et le libre passage des détroits pour la Russie,* » loin d'en constituer le but définitif n'en est, comme vous le dites vous-même, que le point de départ.

Si la guerre générale dont vous parlez, et qui, à vos

yeux, serait en quelque sorte compréhensible et excusable, ne devait avoir d'autre résultat que celui que vous avouez dans votre brochure, ce ne serait pas là faire *la guerre pour la paix*, mais *la guerre pour les guerres*, vu que ce ne serait qu'un pas de fait, tandis que pour arriver à la paix universelle, il faudrait en faire une centaine peut-être. D'ailleurs nous ne nions nullement que la marche que vous indiquez ne soit un rapprochement vers la paix générale; mais la guerre une fois engagée, mieux vaut, ce nous semble, aller jusqu'au bout, que de faire la guerre à bâtons rompus et de se placer ainsi en perspective d'une série de guerres qu'il faudrait nécessairement traverser pour arriver à une paix définitive.

D'autre part, tout en parlant de *l'alliance*, vous vous dispensez d'aborder la question : Cette *alliance* serait-elle chose possible ou non? c'est-à-dire : la France pourrait-elle marcher d'accord avec la Russie? Et, dans l'affirmative, se présenterait cette autre question : Est-ce bien l'heure pour la Russie de conclure avec la France la *Sainte-Alliance* à propos d'une guerre qui n'aurait, de la part de cette dernière puissance, (comme vous le faites entrevoir) d'autre motif que celui d'échapper à la nécessité de donner la liberté à l'intérieur, et de reconnaître les droits naturels de l'homme; à propos d'une guerre qui, excitée par de pareilles considérations, quelles que soient du reste les intentions humanitaires qu'on puisse avancer pour lui servir de prétexte, ne serait autre chose qu'une inqualifiable boucherie?

Quant à nous, nous doutons fort que l'Europe puisse jamais entrer dans la voie du véritable progrès sans une lutte gigantesque ; car il y a trop de questions politiques qu'il faudrait trancher pour arriver à la solution des problèmes économiques; transaction qui, vu la grande complication de ces questions politiques, ne pourrait se réaliser que par la guerre.

Mais il n'est pas du tout improbable que si la Russie et la France présentaient à l'Europe un programme de la *Sainte-Alliance des peuples,* programme développant franchement le but définitif de *l'alliance,* programme humanitaire, grandiose, solennel, clair et ne donnant aucune prise au soupçon, il n'est pas du tout improbable, disons-nous, que les autres souverains de l'Europe, s'inclineraient devant la grandeur d'une pareille conception et se décideraient à faire les sacrifices exigés, plutôt que de s'engager dans une lutte déplorable. Nous n'avons pas besoin de dire que pour atteindre le but pacifiquement, il faudrait nécessairement bien choisir le moment pour émettre un tel programme et prendre ses mesures pour l'appuyer énergiquement par une force imposante et d'une puissance irrésistible. De cette façon, on pourrait tirer quelques avantages de la politique de paix armée, si ruineusement poursuivie jusqu'aujourd'hui, et les peuples auraient du moins une faible compensation des sacrifices énormes qu'ils ont eu à subir sous l'empire de cette politique.

Donc, la paix et le progrès dépendent de la teneur du

programme, et si nous estimons que tôt ou tard l'Europe se verra engagée dans une guerre gigantesque, ce n'est pas que nous considérions la guerre comme le seul moyen de trancher la question européenne, non; mais c'est que nous n'entretenons pas l'espoir que la Russie et la France (pas plus que les autres États) parviennent de sitôt à s'entendre sur la formule des véritables bases de la *Sainte-Alliance des peuples*.

D'abord se présentera la question : quelle doit être la situation politique de l'Europe?

Tant que la politique de l'Angleterre, de la France et de la Prusse sera virtuellement basée sur la peur qu'elles conçoivent de la Russie, et non sur la logique, sur le bon sens et sur l'aspiration au bonheur des peuples, les choses resteront telles qu'elles sont.

Quelles sont les plaies les plus douloureuses de l'Europe? — Ce sont l'Autriche et la Turquie.

Pourquoi l'Autriche et la Turquie existent-elles en Europe? — Pour l'équilibre européen, dira-t-on. Erreur! elles n'existent que parce que l'Europe occidentale a peur de la Russie.

L'Angleterre aurait-elle peur de la France et de la Prusse, si l'Autriche et la Turquie n'existaient plus? — Non.

La France aurait-elle peur de l'Angleterre et de la Prusse, si l'Autriche et la Turquie n'existaient plus? — Non.

La Prusse aurait-elle à craindre davantage l'Angleterre et la France, si l'Autriche et la Turquie n'existaient plus? — Non.

La Russie aurait-elle rien à craindre de la France, de l'Angleterre et de la Prusse, si l'Autriche et la Turquie n'existaient plus? — Non.

Est-il clair après cela que le véritable sens de la politique européenne, c'est la peur de la Russie.

Admettons que l'Europe ait raison de craindre la Russie; mais dans ce cas, la politique tendant à conserver forcément l'Autriche et la Turquie présente-elle une garantie contre la Russie? Au contraire, l'ami le plus dévoué de la Russie n'aurait guère pu inventer une politique qui plaçât la Russie dans des conditions plus avantageuses.

Supposons qu'un beau jour un empereur de Russie, las des troubles incessants que causent à la paix générale l'Autriche et la Turquie, fasse un appel en ces termes : *Esclaves de l'Autriche et de la Turquie, réunissez-vous à nous, marchons bras à bras vers le bonheur, soyez libres, voilà la constitution que je vous offre!*

Eh bien, qui oserait nier que, sans tirer un coup de canon, l'Autriche et la Turquie ne disparaissent à ce seul mot.

Plus on persiste à conserver l'Autriche et la Turquie, plus on s'avance vers l'ordre de choses que l'on craint.

On aura beau déployer toutes les finesses diplomatiques possibles, on n'arrêtera pas la chute de ces deux empires, chute qui ne se fera pas trop attendre.

Pourquoi alors se laisser prendre à l'improviste? Ne vaudrait-il pas infiniment mieux que la diplomatie européenne abordât enfin cette question et la décidât dans le temps de calme, avec pleine indépendance et en dehors de toutes les considérations particulières qui pourraient surgir dans le temps de trouble et pousser inévitablement à une solution anormale.

Qu'on ait le courage de prononcer le verdict : Point d'Autriche, point de Turquie! et on aura simplifié la question politique de manière que l'Europe pourra pour bien longtemps compter sur la paix.

On substituera à ces deux empires tout ce qu'on voudra — tout vaudra toujours mieux et il y aura moins de motifs d'avoir peur de la Russie.

Une fois l'Autriche et la Turquie effacées, l'Europe pourra avec facilité changer sa physionomie politique pour entrer, relativement aux exigences du moment, dans une position plus normale et prendre, à peu près, la configuration suivante :

France : jusqu'au Rhin.

Prusse : toute l'Allemagne, moins les provinces slaves.

Sardaigne : toute l'Italie, Naples y compris.

Hongrie : les Hongrois avec quelques peuples voisins qui voudraient faire partie.

Royaume slave : les Slaves du Midi avec une partie des Roumains faisant actuellement partie de l'Autriche et de la Turquie.

Grèce : la partie méridionale de la Turquie d'Europe.

Mais est-il probable que les trois grandes puissances précitées tombent d'accord? Et quand même la France et la Prusse parviendraient à s'entendre, l'Angleterre... n'acceptera jamais cette politique, et pour cette raison, nous croyons que dans l'avenir la paix européenne est plus que douteuse.

Admettons même qu'on parvienne enfin à trancher la question politique. Serait-ce la satisfaction de ces besoins auxquels aspirent tous les peuples? Ne sont-ce pas les questions économiques et sociales qui constituent le véritable but? La solution des questions politiques, est-elle autre chose qu'un simple moyen d'arriver à la solution des questions économiques et sociales? Donc, la *Sainte-Alliance des peuples* ne peut s'arrêter aux questions purement politiques, elle doit embrasser la vie sociale.

Pour que *l'alliance* des peuples soit véritablement une *Sainte-Alliance,* pour qu'elle profite aux peuples, il faudrait, avant tout, que dans son programme elle reconnût à l'homme ses droits naturels et inaliénables, qu'elle les déclarât inviolables et que par voie de conséquence elle proclamât la liberté de la parole et de la presse... Croyez-vous que le gouvernement de France serait porté à déclarer cette liberté de la parole?... D'ailleurs ce n'est pas là le seul droit naturel qui soit méconnu;

il y a des droits et des principes bien autrement impor-
tants, auxquels il n'est pas seulement permis de songer
en France, sans passer pour être fou... mais de ceux-là
nous parlerons plus bas.

Et que serait-ce qu'une *Sainte-Alliance* sans procla-
mation de ces droits fondamentaux? Aurait-elle pour
elle les sympathies des peuples? Aurait-elle la force d'une
haute vérité absolue, de cette vérité qui ne périt jamais,
qui gagne chaque jour d'étendue et devant laquelle, tôt
ou tard, finissent par s'incliner les principes mesquins?

La *Sainte-Alliance des peuples* est la condition *sine
quâ non* pour que l'Europe puisse avancer. La *Sainte-
Alliance* s'établira sans nul doute, c'est cette question
même qui est à l'ordre du jour de notre époque. Mais
nous croyons que la *Sainte-Alliance* ne pourrait s'effec-
tuer avant que le personnel de la scène politique ne se fût
renouvelé en partie... Pour des actes sublimes, il faut des
âmes sublimes !

Il ne s'agit point ici de cette espèce de notes et de
vaines paroles dont s'est toujours servie et dont se sert
encore la diplomatie, dont elle se contente sans y ajouter
la moindre foi et qui, sans dire le mot, ne laissent pas de
respirer la méfiance. Non, il ne s'agit point ici de ce
mode ridicule dont on se fait une vaine gloire, et qui au
fond n'est autre chose que l'art de tromper adroitement,
sans se laisser surprendre, en sauvant les apparences
jusqu'à ce qu'on croit le moment venu d'agir ouvertement.

Ce qu'il faut, c'est franchise, élévation, pureté et

grandeur d'intention, qui seules constituent la force de toute vraie politique, qui seules imposent à tous l'estime et le respect! Ce qu'il faut, c'est que ceux qui prendront l'initiative de la *sainte cause* soient non pas des hommes soi-disant habiles et adroits, mais des hommes d'une haute raison; hommes de cœur; hommes d'une âme géné reuse et élevée; hommes d'une conscience pure; hommes pour qui le but ne sanctifie point les moyens et qui comprennent que de mauvais moyens n'aboutissent jamais à de bons résultats, que le succès dans ce cas n'est que fictif et momentané; hommes dont la religion est l'élan vers le bonheur des autres, cause qui absorbe tout leur être; hommes qui vérifient l'esprit par le cœur; hommes chez qui l'amour de l'humanité l'emporte sur tout le reste et qui savent que pour l'amour il n'existe point d'obstacles dont il ne saurait triompher. Ce n'est qu'alors que la *sainte cause* pourra faire taire spontanément toutes les intentions mesquines, qui s'éteindront en se plongeant dans l'éclat solaire de la vérité.

Ne serait-ce pas, par exemple, la plus étrange association d'idées que de voir François-Joseph figurer parmi le champion de la *Sainte-Alliance des peuples?* Pourrait-on dans ce cas-là prendre la chose au sérieux?

Vous rendez-vous bien compte pourquoi, à l'heure qu'il est, la réalisation de l'idée de la *Sainte-Alliance des peuples* vous paraît possible? Êtes-vous sûr que si sur le trône russe se trouvait un autre souverain qu'Alexandre II, que vous, vous-même, eussiez jugé tant soit peu convenable de soulever la question de la *Sainte-Alliance des peuples?* Nous en doutons fort. Il nous paraît que ce n'est que l'avénement au trône russe d'Alexandre II et son caractère personnel qui vous aient permis de concevoir des espérances pour la *sainte cause* et de mettre cette question à l'ordre du jour, sans craindre de donner dans le ridicule.

Donc il faut attendre, attendre que le personnel de la scène politique se soit renouvelé en partie; mais nous croyons qu'en tout cas l'attente désormais ne sera pas longue. La force des choses appelle l'union des peuples à l'ordre du jour, et la force des choses crée les hommes!

Votre brochure donne à penser que le but de *l'alliance* serait d'arriver à l'affranchissement de l'Europe par une concentration de la vie politique en deux centres, en deux empires : l'empire d'Orient et l'empire d'Occident. Probablement, vous sous-entendez qu'à la suite d'une pareille solution de toutes les questions politiques qui agitent l'Europe, la solution des problèmes économiques, qui constituent le véritable but, ne présenterait plus de difficultés. De ce point de vue vous pourriez dire que la question de *l'alliance* se divise en deux parties : 1º Arriver d'abord à deux empires; 2º introduire ensuite les réformes économiques. En dédoublant ainsi la question en deux parties, vous pourriez nous objecter que, pour arriver à la solution de la première partie de la question *d'alliance*, il n'est nullement de rigueur qu'à la tête de l'initiative se trouvent des hommes généreux et magnanimes, qu'il ne faudrait que l'entente cordiale des deux grandes puissances précitées, leur bonne volonté et une armée assez imposante pour appuyer la marche ferme et résolue vers le but, en profitant de toutes les occasions favorables.

Soit, admettons pour un moment ces objections. Mais encore, faut-il se demander : 1° L'institution de deux empires en Europe, serait-ce la paix définitive? 2° Pourrait-on arriver à l'institution des deux empires en Europe par les moyens purement politiques et belliqueux?

Quant à nous, nous ne voyons dans l'établissement des deux empires autre chose que l'établissement de deux grands foyers de lutte, lutte bien tranchée, bien définie, c'est-à-dire que le corps politique de l'Europe représenterait deux camps animés de principes diamétralement opposés. La divergence des principes en Europe date de très-loin; nous parlerons de cette divergence plus bas; ici nous nous contenterons de remarquer que cette divergence est la question de vie ou de mort pour l'un ou l'autre parti.

Donc, deux empires ce ne serait point la paix, mais la lutte; seulement cette lutte serait, dans ce cas, bien déterminée, bien définie, tandis que jusqu'aujourd'hui on ne savait pas trop pourquoi on luttait, et ce n'est que pour autant qu'une cause bien définie est à moitié gagnée, que nous pourrions admettre, avec vous, que deux empires seraient un acheminement vers le progrès.

D'autre part, nous croyons qu'on ne pourrait jamais arriver aux deux empires, à cette vaste réforme, par les moyens purement politiques ou par la seule force physique, sans avoir embrassé les questions économiques, sans avoir gagné la sympathie des peuples et la raison des souverains, sans avoir imposé à tout le monde une considération profonde et involontaire, sans y avoir exercé une influence morale. Eh bien, cette influence morale d'où viendrait-elle, si ce n'est de ceux qui seraient appelés à prendre l'initiative dans cette immense réorganisation.

Ainsi tout en admettant l'objection précitée, nous n'en arrivons pas moins à la même conclusion, c'est-à-dire que dans tous les cas, il faut des hommes, des hommes à la hauteur des choses.

Ceci nous amène naturellement à la question : Alexandre II empereur de Russie et Napoléon III empereur des français peuvent-ils prendre avec succès l'initiative de la réorganisation politique de l'Europe et de la formation de deux grands empires fédératifs? La grande difficulté serait dans la formation de l'empire d'Occident. Louis-Napoléon saura-t-il gagner la sympathie des peuples qui devraient faire partie de cette empire? — dès lors, la réalisation de la chose cesse d'être

improbable. Ne le saura-t-il pas?—alors, pas de succès.
Pour ce qui regarde la formation de l'empire d'Orient
il est patent qu'il n'y aurait pas d'obstacles. Toutefois,
n'oublions pas que deux empires ne seraient toujours
que deux foyers d'une lutte définitive.

———

Quoi que l'on pense, personne ne pourrait nier que
tôt ou tard, aujourd'hui ou demain, une guerre partielle
ne s'engageât en Europe, sur tel ou tel point, pour tel ou
tel motif. Il n'y a pas de doute que cette guerre, quoique
partielle à l'origine, ne manquera pas de devenir générale. Or, pour que cette guerre profite à la *sainte cause*
et pour qu'on ne soit surpris au dépourvu, il faut
qu'on reconnaisse bien distinctement ses amis de ses
ennemis; pour cela, il faut poser et éclairer d'avance les
principales bases du programme de la *Sainte-Alliance
des peuples.*

Mais qu'est-ce que c'est que la Sainte-Alliance? — Est-
ce le but?... Non, ce n'est que le moyen pour atteindre
le but.

Quel est donc le but? — Le bien-être de tous.

Donc, pour arrêter le programme de la Sainte-Alliance
il faut envisager la question : Que faut-il pour arriver au
bien-être général, qu'est-ce qui s'y oppose, qu'est-ce qui
y fait obstacle?

Il faut, diriez-vous :

La liberté individuelle (acquise déjà par la plupart des peuples).

La liberté politique.

La liberté de la presse, de la parole et de la tribune.

La réduction des armées qui ruinent les nations.

La réduction du nombre des gouvernements.

La suppression des douanes et octrois.

L'impôt sur le capital.

La restriction du luxe (1).

L'uniformité du système monétaire, etc.

Oui! mille fois oui! il faut tout cela, mais la satisfaction de tous ces besoins ne serait toujours qu'un palliatif. La question de notre époque est plus radicale, plus viscérale, cette question est purement sociale et philosophique. Elle peut se résumer en ces mots : RECHERCHE D'UN MOYEN EFFICACE POUR FAIRE CONTRE-POIDS AU CAPITAL. C'est le véritable sens de la révolution de 1848; c'est pour cela qu'on fut obligé d'introduire dans le gouvernement pro visoire Louis Blanc et Albert, c'est pour

---

(1) Cette vérité, quoiqu'elle ne soit pas encore reconnue par les économistes régnants, n'en fut pas moins reconnue et appréciée par vous, lorsqu'il y a dix ans vous avez traité la question d'impôt.

Ce qui nous étonne le plus, c'est que ces économistes du jour, tout en reconnaissant la ruine provenant de l'entretien des armées, ne comprennent pas que le luxe, en absorbant le travail de millions de bras pour des produits inutiles, influe, par un de ses côtés, sur la richesse nationale de la même façon que l'arme.

cela qu'on a formé les *ateliers nationaux,* c'est pour cela qu'on a demandé à l'assemblée nationale de reconnaître le *droit au travail.*

Pourquoi n'a-t-on pas réussi? C'est qu'on commettait et qu'on demandait des choses absurdes, absurdes au plus haut degré, qui, sans offrir la moindre résistance au capital, bouleversaient tout, suscitaient des difficultés insurmontables, constituaient un ordre de choses impraticable et rendaient la cause ridicule.

Ce n'est pas *le droit au travail,* ce n'est pas ce droit qui ne constitue point un droit naturel, ce n'est pas cette absurdité qu'il fallait demander.... Non!... Ce qu'il fallait demander et ce qui forme le véritable droit naturel de l'homme, droit méconnu dans la plus grande partie du monde, c'est LE DROIT DE L'HOMME DE POSSÉDER LA TERRE A TITRE GRATUIT, A SEUL TITRE D'HOMME.

Absurdité! utopie! ruine! vous écrierez-vous peut-être?

Malheur à la France! malheur à tout peuple dont les esprits les plus forts nieraient ce droit de l'homme! nous écrierons-nous à notre tour. Cela prouverait que la mort frappe déjà à la porte de ces peuples. Mais nous aimons à croire, nous sommes presque persuadé que vous ne nierez pas ce droit, cette vérité incontestable.

Certes, vous êtes en droit de nous demander ce que c'est que ce droit, et de nous dire que vous ne le comprenez pas, qu'il n'existe nulle part.

Si fait!... ce droit existe; il existe en Russie; 50 millions du peuple russe jouissent de ce droit.

Depuis quand ce droit existe-t-il en Russie? Depuis l'origine de ce peuple.

Pourquoi le peuple russe est-il le seul peuple civilisé au monde qui ait su conserver ce droit naturel? Parce que le peuple russe n'a jamais été conquis par un peuple étranger; parce que le peuple russe n'avait jamais pour maîtres des conquérants étrangers qui se fussent emparés du sol; parce que le peuple russe en conquérant d'autres peuples n'en faisait pas des esclaves. De là, point de duplicité d'éléments à l'origine, point de maîtres, point d'esclaves qui ait eu à s'affranchir individuellement; de là corporation de la commune; de là, tous les membres de la commune se regardèrent mutuellement comme frères, ayant tous droit à la possession de la terre à seul titre d'être hommes; de là, *droit gratuit à la terre,* c'est-à-dire droit à l'instrument du travail au moment où l'homme devient capable de travailler, sans avoir préalablement acquis ce privilége par un capital; de là, égalité de droit pour tous les membres de la commune; de là, partage de la terre au fur et à mesure que la population s'accroît. Sous ce dernier rapport le peuple russe pratique ce droit d'une manière admirable et incompréhensible pour les autres peuples.

Parmi les économistes régnants, il y en a qui prétendent que l'état de choses, tel qu'il existe aujourd'hui en Russie, doit être attribué à l'abondance de la terre. — C'est faux! — La Russie compte beaucoup de provinces

2

où la population, par rapport à l'étendue de la terre, n'est pas moins forte qu'en France.

Il y en a qui prétendent que cet état de choses tient à l'ignorance du peuple à l'endroit des principes sur lesquels repose la propriété. — C'est faux ! — D'abord il faut dire que tous ceux qui avaient affaire au peuple russe et qui le connaissent bien, ont toujours été frappés du grand bon sens et de la profonde intelligence de ce peuple. Nous connaissons de vos compatriotes qui se sont trouvés pendant de longues années en contact avec plusieurs peuples de l'Europe et des deux Amériques et qui affirment hautement que l'intelligence du simple ouvrier russe dépasse toutes les attentes. Quant à la prétendue ignorance du principe de la propriété, c'est précisément le contraire de ce qu'on prétend qui est vrai. Nous ne croyons pas qu'il y ait au monde une nation où le principe de la véritable indépendance, résidant dans la propriété, soit aussi inhérent au caractère de l'individu qu'en Russie. Chaque homme du peuple russe, à l'âge de 18 à 20 ans, est déjà marié, possède maison, chevaux, bestiaux, instruments de travail et de transport et son lot de terre à cultiver, si tel est son bon plaisir, sinon, il le donne à ferme à un autre qui veuille se charger de la culture de deux ou plusieurs lots. Et la jouissance de tous ces droits naturels de l'homme est toujours la conséquence du droit fondamental, de son droit à la possession d'une partie de la terre dans sa commune à l'égale de tous les autres.

Il y en a qui prétendent que cet état de choses enchaîne les mains à ceux des cultivateurs intelligents qui voudraient marcher toujours en avant du mode de culture adopté par toute la commune en général. — C'est encore faux, et cela est démenti par les faits. — D'abord il faut remarquer qu'ici, comme partout ailleurs, le mode de culture dans chaque commune ne s'adopte qu'à force d'expérience et conformément aux circonstances locales, donc, ce mode est toujours le plus avantageux; puis, chaque paysan qui, outre son lot de terre qu'il reçoit gratuitement, désire posséder encore quelque portion de terre à titre de propriété personnelle, est, cela va sans dire, parfaitement libre de l'acquérir par achat et de la cultiver comme bon lui semble.

Il y en a même qui prétendent que sous l'empire du principe russe chaque paysan est forcément obligé de rester cultivateur. — C'est un mensonge! — En général, l'ouvrier industriel en Russie appartient toujours à la classe des cultivateurs, et tout en s'occupant de son industrie, sa famille, restée à la campagne, ne cesse pas de cultiver la terre; cet ouvrier ne tourne son travail du côté de l'industrie que lorsque ce travail lui offre comparativement un plus grand bénéfice. Nous remarquerons, en passant, que ceci suffit pour expliquer pourquoi la question absurde du *salaire,* qui préoccupe tant les économistes, ne se présente pas en Russie.

Enfin il y en a qui prétendent que cet état de choses est nuisible à la production. — C'est encore faux ! — Plusieurs écrivains russes, appuyés sur l'expérience, ont prouvé par des calculs mathématiques, par la statistique et par la logique que le mode de partage de la terre, tel qu'il se pratique dans la commune parmi les paysans russes, loin d'être nuisible à la production, loin de constituer un obstacle à l'introduction de perfectionnements dans le mode de culture, présente, au contraire, des avantages incalculables et incontestables, et tranche la question insoluble de savoir : lequel des deux différents modes de culture est préférable, celui que se pratique de préférence en France, ou celui pratiqué en Angleterre? Il tranche cette question en écartant les désavantages et en réunissant les avantages de ces deux modes.

Ici ce n'est pas la place d'entrer dans les détails à ce sujet, et nous nous contenterons de dire seulement que le mode de culture dans la commune russe peut se comparer à une ferme immensément grande (1) et par conséquent capable de supporter, en faveur des améliorations de la culture, les dépenses les plus considérables qu'on puisse imaginer et où, en outre, chaque ouvrier travaille à la tâche, recevant une indemnité en proportion du produit de son travail. — Voilà le véritable sens de la commune russe sous le rapport économique.

---

(1) La moyenne de l'étendue de terre appartenant à une commune, en Russie, peut-être évaluée approximativement à 2,000 hectares. On compte des dizaines de milliers de communes qui possèdent 10,000, 20,000 hectares et plus.

Il ne faut donc pas croire que l'état économique concernant le mode de possession de la terre en Russie soit un état d'enfance. Non! c'est un état de virilité, état bien accusé constituant une particularité innée du caractère du peuple russe; particularité tenant probablement aux conditions mentionnées plus haut, dans lesquelles le peuple russe se développait à partir de son origine.

Il ne faut pas croire non plus que le peuple russe puisse jamais abandonner cette particularité. Il ne faut pas oublier que les peuples qui ont passé par l'esclavage, ne peuvent nullement avoir passé par l'état de chose qui existe en Russie. La Pologne a péri, parce que la noblesse polonaise, voulant se mettre d'accord avec l'Europe occidentale, a porté atteinte au principe économique fondamental. L'Europe occidentale tenait son principe de son histoire, de son origine, par conséquent, pour elle, ce principe était naturel, mais pour la Pologne.... non! Tous les peuples slaves (race qui n'a jamais pratiqué l'esclavage), qui ont trahi le principe *du droit de l'homme à la possession de la terre,* ont perdu leur indépendance. Tous les slaves qui ont conservé *ce droit* se réunirent et formèrent, peu à peu, la Russie. La Russie périrait aussi, si, ne tenant pas assez compte du principe que nous venons de signaler, elle y portait la moindre atteinte dans la solution pendante de la question du servage.

C'est *ce droit* qui donne au peuple russe l'impulsion à la résistance insurmontable contre laquelle se brisèrent les efforts continuels des Tartares, de la Pologne et la tentative de Napoléon Ier; c'est *ce droit* qui est la cause du développement successif de la Russie; c'est *ce droit* qui lie les provinces incorporées à la Russie, de manière, qu'une fois attachées, elles ne s'en détachent plus; c'est *ce droit* qui anéantit les germes des révolutions inutiles et déplorables; c'est *ce droit* qui tranche la question sociale, économique et philosophique de notre époque; c'est *ce droit* qui fera, par conséquent, le tour du monde; c'est *ce droit* qui représente le véritable, le seul, le plus raisonnable et le plus équitable contre-poids au capital, contre-poids pour borner les prétentions exagérées du capital et faire disparaître les abus dont, à l'état actuel des choses, il jouit impunément; contrepoids, disons-nous, mais un contre-poids qui, tout en faisant équilibre, ne paralyse en rien l'action utile, indispensable et légitime du capital.

La France voudrait-elle inscrire sur le drapeau de la *Sainte-Alliance,* DROIT A LA TERRE?... nous en doutons fort, tant que la France sera sous l'influence des économistes du jour.

La *Sainte-Alliance* doit nécessairement renfermer le principe que nous avons résumé ci-dessus. La *Sainte-Alliance* doit répondre à la question soulevée par *la société* depuis déjà trois quarts de siècle; elle doit résoudre le problème de l'époque, autrement elle ne serait qu'une *farce* ridicule.

Êtes-vous sûr que demain ou après-demain il n'éclate

une révolution? — Toutes les mesures, tous les actes de la plupart des nations de l'Europe ne sont-ils pas suggérés par la peur de révolutions? Ces nations n'ont-elles pas l'air de se considérer, quant à leur existence sociale, comme se trouvant sur un tonneau de poudre, et leur politique intérieure et extérieure ne se borne-t-elle pas à chasser fiévreusement les étincelles qui volent tout autour?... Triste situation! ridicule politique, à qui la peur a fait perdre toute présence d'esprit!

Le but de la *Sainte-Alliance des peuples,* c'est de sortir une fois pour toutes de cette pénible position et de changer enfin cette misérable politique.

Que donnera-t-on aux peuples si la révolution éclate? *Le minimum de salaire ! les ateliers nationaux ! le droit au travail !* Mais ce serait plus que ridicule; nous croyons même que personne, à l'heure qu'il est, ne s'avisera plus de prêcher pareilles causes. Eh bien, que donnera-t-on? que pourra-t-on donner? —Pas autre chose à donner que DROIT A LA TERRE.

Nous nions d'une manière absolue qu'il existe une autre solution du problème, une autre racine d'équation; ce n'est pas une solution trouvée à tâtons — c'est une solution analytique; ce n'est pas un droit imaginaire — c'est un droit naturel, c'est un fait qui se pratique par 50 millions du peuple russe.

Mais direz-vous, comment pourrait-on répandre ce principe qui est le rebours du principe qui régit les

peuples de l'Occident? Oui, là est la question. Certaine-
ment ce n'est pas une révolution qui pourra la trancher.
Les révolutions proclament de grandes paroles, mais
elles n'agissent pas. Il faut d'abord qu'on aille étudier
le principe sur place, en Russie; puis il faut qu'on
étudie les moyens d'applications de ce principe, en tenant
bien compte des circonstances et du caractère particu-
lier de chaque pays. C'est alors seulement, qu'on pourrait se mettre à l'œuvre par voie de réformes perma-
nentes, persévérantes et raisonnables. Il s'agit de refaire
des mœurs qui datent de temps immémorial, donc cette
réformation ne pourrait pas se faire en un jour; il faudrait, tout au moins, une génération pour avancer sen-
siblement dans cette voie. Et encore n'atteindrait-on pas
au but par la simple voie de réformes; il faudrait absolument que les peuples se rapprochassent et se mélan-
geassent. — Les chemins de fer accompliront cette
œuvre! — Mais pour entrer dans cette voie n'oublions
pas qu'avant tout il faut clore les discussions, il faut se
mettre d'accord, il faut reconnaître la justesse du principe russe.

Ainsi nous avons indiqué le principe social fondamental, le principe qui renferme la solution véritable
du problème de notre époque, le principe qui doit faire
l'entête du programme de *la Sainte-Alliance des peuples*.

Mais il y a d'autres principes, des principes généraux aussi, dont la négligence, dont l'omission dans le programme laisserait subsister des obstacles dans la voie menant au but définitif, c'est-à-dire au bien-être général.

Ces obstacles, ce sont toujours les principes économiques aujourd'hui régnants.

Dans le monde financier on a posé, comme base fondamentale, le principe : *La véritable monnaie, c'est l'or et l'argent, vu que ces matières, possédant une grande valeur intrinsèque, sont propres à satisfaire à toutes les exigences auxquelles doit répondre la monnaie.*

Ce n'est pas ici, dans une petite brochure, que nous avons la prétention de démontrer toute la fausseté de ce principe; nous nous bornerons, quant à présent, à faire une seule objection, et nous commencerons par mettre à côté du principe cité ci-dessus un autre principe également reconnu par la même science; ce principe est : *La valeur d'un objet se détermine par le rapport entre la demande et l'offre.*

L'un de ces deux principes doit être faux, car l'un est la négation absolue de l'autre.

L'un reconnaît que *tel objet a une valeur intrinsèque;* la véritable conclusion de l'autre est que *nul objet n'a de valeur intrinsèque.* Or, comme le dernier de ces principes est une vérité incontestable, donc c'est le premier qui est faux.

Quelle est la fonction de la monnaie? — Servir comme instrument d'*échange de produits.*

En nous appuyant sur le dernier principe, c'est-à-dire sur le principe que *le rapport entre la demande et l'offre constitue la valeur de l'objet,* nous affirmons que *le papier-monnaie* a une VALEUR tout aussi réelle que n'importe quel autre objet.

Le commerce ou le besoin d'*échange de produits* est devenu un besoin de première nécessité et se place sur la même ligne avec les besoins de manger, de se vêtir, etc. Le besoin des instruments servant à cet *échange* en constitue *la demande;* la quantité de ces instruments en circulation en constitue *l'offre :* donc quelle que soit la nature de ces instruments, qu'ils soient en bois, en cuivre, en or, en argent ou en *papier,* ces instruments auront de la valeur, pourvu que la quantité en circulation ne soit pas arbitraire. Cela n'est pas une supposition, — c'est le véritable sens des faits qui se passent aujourd'hui; cette vérité éclate surtout en Russie. Il suffit de savoir l'histoire de *la monnaie* et des *papiers-monnaies* et de leur rapport respectif en Russie, dans le courant de notre siècle, pour ne pas conserver le moindre doute au sujet de la vérité ci-dessus mentionnée.

Quelle est la principale condition à laquelle doit répondre la monnaie? Il faut, prenant pour point de départ le moment actuel, que le rapport existant entre *le besoin d'échange des produits* et *la monnaie* reste toujours constant, toujours invariable. — Voilà la condition que doit remplir la véritable monnaie, voilà ce qu'on cherche à atteindre. Tout changement de ce rapport apporte des pertes, des ruines, des retards dans l'industrie et dans le commerce, et jette dans la misère des millions de personnes.

L'or et l'argent peuvent-ils satisfaire à la véritable condition de la monnaie? — Non.

Pourquoi? — Parce que : 1º la quantité d'or et d'argent versée sur le marché dépend uniquement de l'exploitation fortuite de ces minéraux et non pas du *besoin d'échange;* 2º *la monnaie d'or et d'argent* est sujette à deux sortes de demandes : d'abord, comme instrument d'échange; puis, comme objet de consommation; par conséquent, ces espèces de monnaies tantôt affluent vers tel ou tel point en quantité démesurée, sans être demandées comme *titre d'échange,* tantôt se transforment en objets de commerce, tantôt elles vont se cacher dans les caisses.

De là, ni l'entrée en circulation, ni la sortie hors de circulation de *la monnaie d'or et d'argent* ne peuvent être contrôlées d'aucune manière; on ne connaît jamais la quantité de cette monnaie en circulation, et, après cela, on ose encore proclamer que l'or et l'argent sont les seules véritables bases de la monnaie. La véritable monnaie doit être *la mesure,* et on veut mesurer avec une mesure dont la longueur varie à chaque instant. La double propriété de la monnaie en or et en argent

rend ces matières incapables d'être la véritable monnaie.

Que faut-il faire? Quelle matière faut-il choisir pour la
monnaie afin qu'elle puisse satisfaire à la condition d'une
véritable monnaie, d'une véritable mesure?

1º Il faut qu'on connaisse chaque jour, à chaque
heure, la quantité de la monnaie en circulation ;

2º Il faut que la monnaie, par sa nature, ne soit
demandée autrement que comme *instrument d'échange;*
donc elle doit être faite d'une matière qui ne puisse être
utile à aucun autre usage.

Il s'ensuit que *le papier-monnaie,* fabriqué de manière
à rendre la falsification impossible ou du moins très-
difficile, avec les précautions nécessaires à ce sujet, est
la seule monnaie qui puisse satisfaire à la condition
devant être propre à la véritable monnaie.

La quantité de *papier-monnaie* en circulation est toujours connue ; les nouvelles émissions peuvent toujours
être proportionnées au développement du *besoin d'échange,*
c'est-à-dire au commerce; donc l'invariabilité du rapport
entre ces deux éléments est assurée—pas de crises, pas
de pertes, pas de ruines, pas de perturbations dans l'industrie et dans le commerce, et partant pas de calamités,
suites inévitables de toutes ces causes.

Qu'est-ce qui servirait de thermomètre pour les nouvelles émissions, et de quelle manière effectuerait-on ces
émissions nous demanderez-vous? La réponse à ces questions nous mènerait trop loin ; nous nous réservons de

développer ces questions une autre fois. Nous ne posons ici que des principes; mais nous garantissons, dès à présent, que les principes pouvant servir d'indications sûres et au mode, et à la mesure de ces émissions, existent.

Les *billets de crédit* remplissent-ils les lacunes que laisse *la monnaie d'or et d'argent?* — Non. Pourquoi? 1º Parce que la quantité de *billets de crédit* qu'on livre à la circulation se règle non sur les proportions du *besoin d'échange,* mais sur les proportions des *fonds de réserve;* 2º parce que les *billets de crédit* exigent le remboursement en or et en argent; 3º parce que les *billets de crédit,* loin de pouvoir jamais anéantir les crises financières, en portent, au contraire, le germe en eux-mêmes.

Les *billets de crédit* ne peuvent remplir qu'une seule des lacunes que laisse *la monnaie d'or et d'argent;* c'est de suppléer à l'insuffisance de la quantité de monnaie en circulation. Donc les *billets de crédit* ont rendu et rendent des services incalculables; mais ce service ils le rendent précisément par le côté où ils s'approchent de la véritable monnaie, c'est-à-dire du *papier-monnaie,* et parce qu'ils sont, pour ainsi dire, les avant-coureurs du *papier-monnaie.*

Pour en finir avec cette question, énumérons encore quelques désavantages et quelques-uns des désastres qu'a causé et cause actuellement le fameux principe, que *l'or et l'argent sont la véritable base de la monnaie.*

1º Ce principe pousse à des emprunts effectués pour des opérations d'une nature improductive;

2° Ces emprunts ruinent les peuples et asservissent les gouvernements, de sorte que dans plusieurs États une grande partie du budget est affectée au payement des intérêts;

3° Ce principe crée le commerce des titres monétaires;

4° Ce principe engendre des difficultés énormes dans le commerce, difficultés dues à la variabilité de *la mesure* des valeurs, laquelle variabilité tient à sont tour à la double propriété de la monnaie;

5° Ce principe par son propre caractère et par raison de la variabilité de *la mesure* exige inévitablement des *intermédiaires* entre les *traitants*. Ces *intermédiaires* absorbent des richesses épouvantables, et par suite de cette force acquise interviennent partout, imposent leur volonté à tous et répandent les faux principes du système financier : par exemple, le principe d'emprunts dans tous les cas, sans égard au genre d'opération auquel la dépense est destinée; et tout cela, tout aboutit à la ruine des peuples et au profit de ces *intermédiaires*. Et ce qui est le plus affligeant, c'est que ces *intermédiaires* ont su gagner les esprits des hommes versés dans la science, parce qu'on a foi en ces *intermédiaires* comme en des hommes pratiques qui ont fait preuve de leurs connaissances économiques et financières en ramassant des fortunes inouïes.

Nous n'en finirions pas, si nous continuions à énumérer tous les désavantages du principe actuel. L'avantage du principe nouveau serait l'annulation de tous les désavantages que présente le principe régnant, et outre cela — point de guerres.

Base de la monnaie : *l'or et l'argent.* — C'est la guerre continuelle !

Base de la monnaie : *le papier-monnaie* EN QUANTITÉ PROPORTIONNELLE AU COMMERCE. — C'est la paix perpétuelle !

La France a une peur panique du papier-monnaie. *Law* et *la Révolution du siècle passé* ont laissé des souvenirs qui sont encore en pleine vigueur. On accuse le principe au lieu d'accuser l'application. On ne veut pas comprendre que le principe que nous posons ici, consiste à ne pas dépasser les limites des exigences du commerce, limites qu'on a si absurdement dépassées en France toutes les fois qu'on se mettait à l'œuvre.

Le principe, que *la véritable monnaie est le papier-monnaie,* une fois reconnu, conduit nécessairement et inévitablement à l'établissement d'une unique et générale banque européenne. Cette banque aurait sous sa direction des banques centrales dans tous les pays ; ces dernières banques auraient à leur tour, sous leur direction, des succursales dans les provinces.

Nous n'entrerons pas ici dans les détails du fonctionnement de ces banques ; ce serait trop long. On comprendra facilement que la base et le caractère de ces banques différeraient, sur plusieurs points, des banques actuelles.

Il faut ajouter que la banque indiquée devrait : 1º acquérir toutes les principales lignes de chemins de fer, pour qu'elles ne restent pas dans les mains privées ; 2º entreprendre la construction de toutes les lignes nécessaires à la communication et dont les revenus ne promettraient pas immédiatement des bénéfices suffisants.

Nous sommes persuadé d'avance que les économistes et les financiers nous taxerons d'ignorance. A leur avis, les questions que nous agitons n'ont déjà été que trop débattues pour qu'on y revienne de nouveau... Soit !... ils nous traiterons comme ils voudront, cela ne nous arrêtera pas d'élever la voix contre les faux principes de la science. Le progrès, dans le temps actuel, va si rapidement qu'il ne s'écoulera pas dix ans que nos antagonistes ne nous aient rendu justice. Et si, par hasard, quelqu'un, aspirant à la vérité, élève la voix pour nous répondre, nous ne demandons pas mieux. Qu'il réunisse, qu'il résume contre nous tous les arguments possibles, il verra si la logique et les faits ne viennent le démentir.

Que les économistes d'aujourd'hui inscrivent dans

leur science : que s'ils proclament *l'or et l'argent comme
véritable base de la monnaie* — c'est, uniquement, en raison
des circonstances, en raison de la méfiance dans les gouvernements et dans les banques qui livrent en circulation
les *papiers-monnaies,* en raison du morcellement du vi-
sage de la terre en petits États ayant chacun sa monnaie
et ses propres titres monétaires, mais qu'en dehors de ces
circonstances ce principe n'est pas la vérité... alors, nous
nous tairons ; alors, les hommes d'État, qui s'appuient naturellement sur les principes de la science comme sur des
vérités incontestables, ne seront plus entraînés dans de
faux systèmes et ruineuses opérations financières, comme
ils le sont aujourd'hui, parce qu'ils ne tiennent pas assez
compte de ce qu'ils se trouvent bien souvent placés en
dehors des circonstances précitées; alors, une fois la
Sainte-Alliance des peuples mise à l'ordre du jour, il n'y
aurait plus d'obstacles pour fonder une unique banque
européenne, ce qui sera la paix perpétuelle et le véritable
bonheur pour l'Europe.

Voilà encore un principe : *véritable monnaie — papier-
monnaie* que la France n'acceptera pas tant qu'elle sera
sous l'empire des idées économiques actuellement en

vigueur, tant que la France sera virtuellement gouvernée par *la Bourse* et pour *la Bourse*.

Ainsi nous avons énoncé deux principes : *droit à la terre* et *véritable monnaie — papier-monnaie,* dont la France ne peut entendre prononcer le mot sans frémir. N'avions-nous pas raison de dire qu'outre *la liberté de la parole,* que le gouvernement de la France ne serait guère porté d'accorder, il existe des autres principes qui devraient former la base du programme de la *Sainte-Alliance* et auxquels, pourtant, il n'est pas permis de songer en France ? Et aurait-elle, la *Sainte-Alliance des peuples,* le sens commun, si elle n'avait pas pour but l'abolition du prolétariat, l'institution d'une banque européenne unique, le *papier-monnaie* uniforme circulant librement dans toute l'Europe?

Pour compléter les éléments essentiels du programme, faisons encore une courte observation concernant le système du gouvernement de l'avenir.

Le principe admis aujourd'hui comme dogme politique, c'est : *gouvernement avec une majorité élective.*

Que représente la majorité élective?

En tout temps, en tout lieu et sous tous les rapports, l'expérience a démontré que la majorité élective représente :

L'oppression impitoyable de la raison.

L'ennemi du progrès.

L'empire de la force brutale.

Qui a le droit de gouverner? — La haute raison.

Qui est-ce qui peut représenter la haute raison ? — La minorité intelligente, éclairée, progressiste, vigoureuse et apte qui résume toujours la véritable majorité du pays.

Le gouvernement qui s'appuie sur la majorité élective est en général nuisible aux intérêts généraux.

Le gouvernement guidé par la minorité intelligente profite à tout le monde.

Le gouvernement avec la majorité inerte, — c'est le germe des révolutions en permanence.

Le gouvernement avec la minorité intelligente, — c'est l'ordre perpétuel.

Le gouvernement poussé, — c'est la faiblesse morale.

Le gouvernement qui pousse, — c'est la force morale.

Le gouvernement sans force morale, — c'est le malheur.

Le gouvernement avec une force morale, — c'est le bonheur.

Mais ce n'est pas à nous de vous entretenir de la vérité que la majorité élective est incapable de gouverner. Il y a bien longtemps déjà que vous avez reconnu et enseigné cette vérité. Nous n'aurons à cet égard qu'à répéter vos paroles; seulement nous nous trouverons dans des conditions plus favorables que vous, car nous aurons à notre appui des faits qui, nous le croyons, viendront nous entourer très-prochainement, des faits qui soumis à l'analyse démontreront la justesse du principe nouveau.

Probablement la plupart de nos lecteurs seront portés à nous démentir en montrant du doigt l'Angleterre. Nous ne demandons pas de meilleure preuve à l'appui du principe que nous soutenons, que l'exemple de l'Angleterre.

Par qui l'Angleterre est-elle virtuellement gouvernée? Est-ce par le parlement? Non! mille fois non! Elle est guidée par la libre presse et par les libres réunions. On aura beau s'évertuer pour prouver le contraire, l'histoire et les faits contemporains affirment hautement cette vérité.

Que représente en définitive la libre presse et les libres réunions? — La minorité intelligente résumant la véritable majorité du pays.

Donc, nous avions raison de dire que l'Angleterre est guidée par la minorité intelligente.

Le parlement anglais se montrait toujours le conservateur le plus fanatique, l'antagoniste le plus acharné du progrès. Mais, de l'autre côté, l'aristocratie anglaise, qui constitue le véritable pouvoir législatif et exécutif du pays, ayant, dans sa haute sagesse, compris que le parlement ne peut représenter le véritable miroir du pays, a reconnu l'inviolabilité de la liberté de la presse qui lui sert de guide; elle a compris que la liberté de la presse, c'est la force de son pouvoir; que la liberté de la presse, c'est la base de l'ordre social.

Supprimez en Angleterre la liberté de la presse, et ce pays, objet d'une véritable admiration, serait un objet d'un véritable dédain. — C'est là, uniquement là, dans la liberté de la presse, que se trouve la racine de sa grandeur.

Ainsi l'exemple de l'Angleterre, loin de démentir le principe que nous soutenons, vient à notre appui comme une des preuves les plus éclatantes.

Mais l'organisation du gouvernement anglais ne peut servir de modèle. Il est vrai qu'en définitive le pouvoir est guidé par la minorité intelligente, mais le pouvoir lui-même est constamment antagoniste du progrès; il est vrai que ce pouvoir, poussé par la presse, cède à la voix du progrès; mais il résiste jusqu'au dernier moment, il ne cède qu'à la veille d'une révolution; donc le progrès est toujours l'œuvre d'une conquête, c'est une lutte permanente, ce n'est pas un ordre de choses normal.

Supposons qu'à la place d'un parlement, qu'à la place de ce pouvoir constamment antiprogressiste, se trouve un pouvoir progressiste respectant saintement la liberté de la presse, comme le fait le parlement anglais; — ce serait alors un gouvernement véritable, la perfection elle-même.

Qu'on se rende bien compte du véritable caractère de tous les gouvernements qui ont marqué leur existence par des actes sublimes, et on verra que ces gouvernements marchaient toujours en avant, guidés par des idées qui semblaient être en opposition avec la majorité, et cependant ces idées correspondaient parfaitement aux intérêts généraux.

Chaque écolier connaît cette maxime de lieu commun : que l'histoire par les exemples qu'elle donne sert d'enseignement à l'avenir; mais le fait est qu'on en tire le moins de profit possible.

Comment faudrait-il donc organiser un gouvernement pour qu'il fût un gouvernement véritable, normal, progressiste et stable?

Il faut :

1º Un pouvoir *monocéphale,* qui par sa nature n'implique pas nécessairement les germes des intérêts particuliers, ni les germes de l'antagonisme au progrès dont est fatalement entaché le pouvoir *polycéphale.*

2º Une presse entièrement libre servant de guide et de véritable contrôleur.

3º Une chambre consultative nommée par élection, destinée principalement à délibérer sur les questions de réformes et lois locales, et sur les questions des impôts et du budget.

Résumons et classons maintenant tous les principaux points du programme de la *Sainte-Alliance des peuples.*

PROGRAMME

DE LA SAINTE-ALLIANCE DES PEUPLES.

1º Droit à la terre, qui constitue en même temps la véritable indépendance individuelle ;

2º Liberté individuelle et politique;

3º Liberté de la parole, de la presse et de la tribune;

4º Formation de grands empires ou États fédératifs;

5º Gouvernement guidé par la minorité intelligente.

6º Véritable monnaie — papier-monnaie;

7º Établissement d'une banque générale européenne et uniformité du papier-monnaie;

8º Point d'emprunts pour des opérations improductives;

9º Acquisition par la banque des principales lignes de chemins de fer, et construction de nouvelles lignes de communication, abstraction faite de la quotité du bénéfice présumable;

10º Réduction des armées ou désarmement;

11º Suppression des douanes et des octrois;

12º Impôt sur le capital et restriction du luxe.

Pas mal de choses à faire avancer; mais ce ne sont pas des chimères, ce sont choses aussi nécessaires que faciles à réaliser, si l'on avait seulement la bonne et ferme volonté de se mettre à l'œuvre. Le *droit de tous à la terre* et la *véritable monnaie — papier-monnaie,* sont les seuls points qui pourraient vous paraître comme des chimères. Mais nous l'avons déjà dit : le premier principe existe en pleine vigueur dans toute la Russie, et le second, quoique pas reconnu comme principe, n'en existe pas moins en Russie à l'état de fait. Quant aux autres points, nous ne doutons pas que vous ne les admettiez, car il ne sont en majeure partie que la reproduction des principes que vous souteniez toujours.

Nous savons que bien des personnes (certes, vous n'êtes pas du nombre) seront portées à nous objecter, que c'est pousser les choses trop loin que de soutenir les principes ci-dessus énumérés et qu'il vaudrait mieux penser à remédier aux maux qui sont les plus près. A cela nous répondrons par une question : que fait un bon mécanicien quand il voit que la machine fonctionne mal, qu'elle ne rend pas le service désiré et qu'elle ne justifie pas les dépenses encourues? — Il se met à examiner toutes les parties de la machine et principalement les organes et les conditions qui constituent la force de la machine, et s'il les trouve mauvais, il songe à la reconstruction et non à de petites réparations et quelques changements dans les détails qui n'aboutiraient à rien et amèneraient seulement des complications et des nouvelles dépenses sans résultat.

Votre esprit est très-fort, vous en avez donné bien des preuves; donc nous avons le droit de croire que vous êtes au-dessus de toute susceptibilité nationale et que nous ne risquons rien en vous parlant franchement.

Croyez-vous que la France sera disposée à accepter, à présent, volontairement, les principes du véritable programme de la *Sainte-Alliance des peuples.* — Quant à nous, nous ne le croyons pas. Il s'ensuivrait de là, que nous devrions admettre que cette *alliance* est impossible. — Oui!... à moins qu'on ne reconnaisse la nécessité d'entrer dans la voie de rééducation, à moins qu'on ne vienne étudier la pratique du grand principe sur place, en Russie. Car c'est son principe qui répond à la question de l'époque; c'est son principe qui constitue le principe fondamental du programme; c'est la Russie qui porte le germe de la *Sainte-Alliance;* c'est elle qui le répandra, par l'influence de la force morale; c'est elle, elle seule, qui a su mettre en pratique *la fraternité :* la vérité des vérités proclamée pour la première fois par Jésus... L'heure pour la Russie a sonné !

Vous pourriez penser que c'est la vanité nationale qui nous pousse à de pareilles croyances... Non, et mille fois non!... Est-ce notre faute que nous sommes Russes? Est-ce une raison pour nous taire? Nous n'avons que trop longtemps gardé le silence, par convenance; mais continuer ce silence, ce serait faire tort à la vérité.

D'ailleurs il y a onze ans que toutes nos espérances, toutes nos affections, se concentraient sur la France. Vous ne compteriez pas beaucoup de vos compatriotes qui prenaient à cœur autant que nous la marche de la France. Nous nous rappelons bien la douleur que nous éprouvions alors que les faits qui se passaient en France venaient arracher à nos cœurs, morceau par morceau, les meilleures croyances, les meilleures espérances. Nous nous rappelons bien avec quel frisson fébrile nous ouvrions chaque fois votre célèbre *Presse*. Mais!... mais vous savez bien vous-même que ce serait par trop absurde de ne pas vouloir voir maintenant les choses sous leurs véritables couleurs. Ce n'est pas l'avénement au trône de Napoléon III, ce n'est pas la situation actuelle de la France, qui dévoilèrent et dévoilent la France... Non! Ces faits-là, peut-être, ont porté et portent bonheur à la France; ces faits sont des faits de circonstances qui ne permettent pas encore de juger la France. Ce sont les œuvres des maîtres de la révolution, c'est la conduite du gouvernement provisoire à partir du premier jour de son installation; ce sont les jours de juin (tombeau de la France), c'est la conduite de l'Assemblée nationale, voilà ce qui a révélé la France et désillusionné ceux qui, ne la connaissant que de loin, la voyaient jusqu'à ce temps-là sous un aspect tout différent de son aspect réel, avec lequel, le bandeau une fois tombé, nous nous sommes familiarisés depuis.

Ce n'est pas pour blâmer toute une nation, ce n'est

pas pour blesser votre nationalité, que nous vous avons adressé ces dernières lignes. Nous serions vraiment désolés si vous les interprétiez dans ce sens. Nous avons jugé nécessaire de dire quelques mots, parce que (et vous, comme véritable esprit indépendant, probablement ne le nierez pas) le contentement de soi à l'endroit du sentiment national est tellement fort chez vos compatriotes, que ce contentement empêche bien souvent de voir la vérité. La conviction que la France se trouve à la tête de la civilisation et du progrès, aveugle votre pays au point, que tel principe, rien que pour être étranger à la France, serait blâmé et regardé chez vous comme faux.

Mais qu'importe que ce soit la Russie ou la France, l'Autriche ou la Turquie, qui sera régénératrice de l'Europe, cela ne fait ni chaud, ni froid, du moment que l'esprit de nationalité n'empêche pas de voir la vérité. Il s'agit de trouver la réponse à la question posée par le siècle, il s'agit d'anéantir la misère, il s'agit de répandre le bien-être et de démolir les obstacles qui se présentent. Or, le principe de DROIT A LA TERRE, principe pratiqué par le peuple russe, répondant à cette question, amène le tour de la Russie d'apporter son obole sur l'autel du bonheur de l'humanité. Voilà le résumé de nos croyances ou plutôt de nos fermes convictions fondées sur les faits et sur la raison.

Chaque peuple civilisé a eu son tour; et quel que soit son avenir, qu'il ait déjà rempli sa mission ou non, qu'il ait déjà prononcé son dernier mot ou non, qu'il soit en décadénce ou non, toujours il compte dans son sein de grands hommes, de grandes âmes, de grands cœurs, de grands esprits, esprits indépendants qui voient la vérité et qui vivent pour elle. Et la France en avait et en a assez pour s'en glorifier...

Et c'est à de tels hommes, hommes de vérité, de cœur, de raison, appartenant à tous les pays, que nous adressons les lignes suivantes.

Nous n'avons pas du tout l'intention de prouver que telle ou telle nation soit en décadence et que la Russie soit un pays en vigueur et un pays d'avenir — peu nous importent ces preuves. Et si même nous fussions parvenu à le prouver, cela ajouterait-il un simple iota au bonheur de l'humanité, au bien-être général? — Non, ce n'est pas là la question, ce n'est pas cela qu'il faut prouver. Il s'agit de prouver que certains principes fondamentaux enregistrés dans le livre de la science économique et politique, science développée chez vous sans la connaissance de certains faits d'une grande importance, il s'agit, disonsnous, de prouver que ces principes, admis dans cette science comme des axiomes, comme des vérités incontestables — sont faux. La Russie avec 50 millions d'habitants est un fait qui dément ces principes et est appelé à les renverser.

Aidez-nous à les renverser ou, pour mieux dire, aidez la vérité à jaillir. Aidez-nous le plus tôt possible, car, au nom de ces faux principes, on agit dans la plus grande partie du monde de telle manière que le prolétariat, la misère, la vie anormale, la démoralisation, le véritable esclavage s'agrandissent, les révolutions grondent, la société tremble.

Votre concours est indispensable. Remarquez bien qu'on nous enseigne à nous autres Russes les principes de la science économique développés chez vous. — Les faits contraires à la science qui nous entourent nous poussent à soumettre à l'examen les principes reconnus par la science comme des principes incontestables. Que de force, que de peine, que d'indépendance d'esprit ne faut-il pas pour s'en détacher et apercevoir la vérité! Mais chacun ne peut avoir assez de force, assez d'indépendance d'esprit, pour vaincre les principes de la science qu'il a étudié longtemps, à partir de sa jeunesse, et qui étaient proclamés du haut de la chaire comme vérité absolue; enfin, il n'est pas donné à tout le monde d'avoir l'occasion d'étudier à fond et sur place les faits contraires à la science : la spécialité obligatoire, les travaux exclusivement de cabinet et le séjour dans les villes s'y opposent. Vous voyez par là que nous Russes, nous sommes divisés en deux camps; nous comptons bien des hommes qui, aveuglés par la science développée chez vous et ne tenant compte que votre science auraient été tout autre, si les faits qui vous entourent

avaient été autres, ne tenant compte de cela, disons-
nous, ils portent la main sur le DROIT A LA TERRE et prê-
chent le principe que le peuple russe doit être privé de
ce DROIT, et qu'il faut créer 50 millions de prolétaires,
par le seul motif que c'est honteux de rester en arrière
de l'Europe et qu'il faut absolument se mettre au niveau
de la science; comme jadis on exigeait des Russes de se
raser la barbe, pour se mettre à la hauteur de la civilisation européenne.

Venez, au nom de la vérité, au nom du bonheur de
l'humanité, venez chez nous! venez étudier notre principe, et dites à ces hommes qu'ils sont dans l'erreur,
qu'ils sont aveugles, qu'ils ne voient pas les richesses
qui les entourent et qu'ils foulent aux pieds dédaigneu-
sement. Venez chez nous au plus tôt, car, de la manière
dont on a posé la question de l'émancipation, LE DROIT
A LA TERRE est sous la menace d'un coup mortel. Venez!
vous rendrez service à l'humanité tout entière, vous
rendrez vos noms immortels! Un mot de vous à l'appui
de notre principe et tout sera dit; cela décidera la question, cela fera clore les discussions.

Nous aurions beau déployer une force de raison sur-
humaine, des faits éclatants, nous ne réussirions pas de
longtemps : ces hommes ferment les oreilles à nos paroles, parce que nous sommes Russes, parce que nous
ne sommes pas des étrangers.

Si vous venez vous prononcer pour nous, dès ce jour
la paix en Europe est établie à jamais. Si, au con-

traire, vous vous prononciez contre nous, le sang coulerait encore longtemps en Europe : d'abord pour arriver aux deux grands empires exprimant deux principes opposés; puis, dans la lutte acharnée et définitive entre ces deux colosses, — Qui sera vainqueur : l'individualisme ou le véritable socialisme? — L'avenir prononcera! Pour nous, il n'y a pas de doute : dans le développement de l'humanité, pris en son ensemble, il n'existe d'autre loi que PROGRÈS!... Toujours les idées nouvelles succèdent aux idées anciennes!

Mais nous avons grand espoir que vous vous prononcerez pour nous, que vous serez heureux, en faisant connaissance avec la Russie, de retrouver la foi dans l'homme, foi que vous avez presque perdue, vous trouvant toujours dans le milieu du principe d'individua lisme élevé au plus haut degré.

Soyons donc frères! aidons-nous les uns les autres! Vous nous enseignerez les droits de la liberté politique personnelle; nous vous enseignerons les droits de l'indépendance économique personnelle. Tendez-nous la main, renversons les obstacles et avançons hardiment dans l'avenir vers le bonheur réel de l'humanité!

266